ESTRUCTURA
DE LA TIERRA, DERIVA

ESTRUCTURA DE LA TIERRA, DERIVA

Enrique Ariño Gil

PRENSAS DE LA UNIVERSIDAD DE ZARAGOZA

© Enrique Ariño Gil
© De la presente edición, Prensas de la Universidad de Zaragoza
  (Vicerrectorado de Cultura y Patrimonio)
  1.ª edición, 2026

Colección La Gruta de las Palabras, n.º 139
Director de la colección: Fernando Sanmartín

Ilustración de la cubierta: Jesús Cisneros

Prensas de la Universidad de Zaragoza. Edificio de Ciencias Geológicas,
c/ Pedro Cerbuna, 12. 50009 Zaragoza, España. Tel.: 976 761 330
puz@unizar.es   http://puz.unizar.es

une Esta editorial es miembro de la UNE, lo que garantiza la difusión y
     comercialización de sus publicaciones a nivel nacional e internacional.

ISBN 979-13-7014-104-2

Impreso en España
Imprime: Servicio de Publicaciones. Universidad de Zaragoza

Depósito Legal: Z 671-2026

Existen planetas que no giran, planetas que a ratos circulan cerca de su estrella madre y a ratos lejos, siguiendo órbitas elípticas. Probablemente existan planetas solitarios que, desvinculados de la fuerza gravitatoria de sus estrellas madre, vayan a la deriva por el espacio exterior, huérfanos.

Edward O. Wilson, *El sentido de la existencia humana*
(traducción de Xavier Gaillard Pla)

I
LLEGADA

Más habituados de repente a la luz blanca
nos hacemos acompañar de todos aquellos
que un día aceptaron nuestra alma y ahora
son el fondo de la vigilia en que nos faltan.
Las hierbas crecen altas en esta parte del mundo
cardos de mar, flores moradas de la costa
hay aves marinas que callan junto a la roca
en la que invisible han ocultado el nido.
Hemos llegado aquí como semilla anemócora
desde otra tierra que aún a veces nombramos
pero no sería este el lugar que habitaríamos
porque aunque hemos alzado viga carpintera y techo
el amor no ha encontrado puerto o estación
y ya no hay más recurso que el viaje o su sueño
y reordenar tantas veces aquello que fue nuestro.

II
LA ESFERA

32º38'12,59"N / 51º41'0,55"E

Bajo los arcos del puente se acoge una casa de té
con carteles de fieros luchadores, ídolos locales
los hombres levantan la mirada del tablero
el empuje del índice en la torre es respondido
por un peón negro o el salto de un caballo
el juego crece en torno a una apertura clásica
tramado de la vida real en el que una sola jugada
la inicial, ha marcado la fidelidad de los nuestros
y en la que la dama es portadora de la muerte.

28º56'57,19"N / 13º35'40,69"O

La soga ha copiado en el arrecife la forma de la ola
y crea un caído santuario de cuerda rodeada.
El cáñamo aumentado en peso por el agua
obliga a formular dos preguntas pertinentes
si sería posible anudarlo a la roca, alzarlo en rojo
y dejar al otro lado del umbral el espíritu del *kami*
que desde entonces transita sin encontrar su hogar
y que —escribe el maestro Motoori Norinaga—
sobrecoge indiferente a la bondad o al daño
acaso si el barco al que sirvió en la maniobra
la más delicada, la que devuelve al marino a casa
nunca segura hasta que el casco topa la defensa
navega todavía el mar interminable por su pérdida.

41º46'39,70"N / 1º3'41,29"O

Contamos cada día los días incontables
nosotros, los barqueros de sirga
que repiten habituadas rutinas de viaje
y acaban por desconocer ambas orillas.
La mano alzada es señal de saludo
algo que debería profundizarse
exploración que quedará inconclusa.
Imaginamos mares, pero aquí el horizonte
es vano abierto que desearíamos cerrar
mientras tenaces manejamos la polea.
Nuestro avance no existe, el río gana.
Sus aguas ocultan o muestran al azar
desechos de las casas habitadas río arriba.

41º8'1,36"N / 5º35'40,50"O

Las maderas fibrosas de la techumbre
plantaron al principio batalla a la caída
esperando que el humano un día regresara
y reanudara bajo los aleros sus rituales
pero ahora se revelan desplomadas
y las losas se estrellaron con las tejas
creando juegos de rayuela simultáneos
a la espera del pie de niña que las mueva.
Las tres piezas del altar vacilaron como libros
y nada hay tan vacío como esa hornacina
de la que sin memoria se bajó un ángel
que llegó en vestido colorido hasta la aldea
preguntando sobre su identidad de danzante.
Más extraño es el vagar de otros objetos
derrelictos navegantes en el páramo de hadas.

42º27'10,47"N / 2º51'50,79"O

Debe ser bajo los pies lámina de mercurio definido
un manto extenso vivo de agua oscura en bóvedas de roca
lecho de diamantes de humo y no guijarros que el sol espeja
un torrente de vida que la tierra reserva para sí misma
y que por esperanza se revela a veces en redondos bordes
como celosa prenda aguardando que un día el digno llegue
juzgue por la muestra el todo oculto y ame al fin por aquello
que el frívolo dice en público que vale más que la belleza.

42º38'4,46"N / 0º37'27,21"O

La última nieve caída en la montaña
se posó mansa en los rododendros
no tuvo la muerte esponjada del suelo
el suspiro final casi humano del cristal
que como humilde y efímero fantasma
desaparece transparente ante los ojos
lentamente, en magia de cinematógrafo.
El blanco alcanzó solo las hojas verde cera
las plantas hermosas e insólitas
que el confundido hombre de ciudad
juzgaría exótico cultivo de invernadero.
Por un instante, la flor roja y el copo blanco
compartieron mundo, como condenados
que empujados por guardias borrachos
armados de fusiles y a empujones
cruzaran la mirada, antes de ser separados
con violencia ante las puertas de la cárcel.

37°16'47,16"N / 67°11'9,20"E

Una borrosa cabeza de león se forma
aparece al pasar la yema del dedo
cuatro relieves en fauces de simetría
aplicados tras el torno en el vientre de la copa.
Se libera de su entierro en un país
en que los leones son especie extinta
friso de reyes en la pausa de la guerra.
La muchacha a mi lado lo identifica
la lengua asoma carnal entre sus labios
nombra la especie, simula feroz la caza.

37º16'16,01"N / 67º10'59,03"E

Este espacio que se describe
desmotado en sus muros arrasados
es tan solo un suelo sobre la tierra
el lugar en que paraba la jornada.
El cántaro con el fondo reparado
presta al agua el sabor del yeso
con el que se ha sellado su fisura.
En el sueño se aguarda. Se espera
la escalera abierta hacia el cielo
por la que habrán de descender
arcángeles armados con espadas
vacíos por completo de toda culpa
tan libres del deseo de lo físico.

37°16'16,01"N / 67°10'59,03"E

No es un país, condado, campo sembrado o semillero
la tierra que habitas o ahora recorres, la que te acoge
es otra o quizá sí es la misma y son tus sentidos
los que aprecian negativos: un lecho o más bien
un río del color del paisaje en su turbiedad de arcilla.
La espuma, rota por la quilla de un barco de guerra
es lo que nos recuerda que es agua, el mismo líquido
una de las primeras palabras aprendidas en la infancia.
El efecto pasa rápido y en él la vista no puede detenerse
y así busca un cielo en el que sorprende aves migrantes
una bandada de grullas en formación invencible, ellas
también extraviadas entre el gran cauce y la arena.
Para la noche tan solo un patio en el que un granado
con sus frutos pesados planta su batalla a los insectos.

39º39'17,07"N / 66º58'31,22"E

En todos esos desiertos según Heródoto
se codicia el jade verde. Nos cuenta el griego
que su color es el de las pupilas de una mujer
hermosa con la que es mejor no cruzarse
que reclama a los hombres con su llanto
desde la calzada del arco en el torrente.
Desde allí te escribí —aún quizá lo conserves
en la caja donde va a parar lo que no sirve—
que los bazares son tristes y sin gente
bombillas espaciadas de vatios sin potencia
que hay siete variedades diferentes de arroz
y que la ínfima se compone solo de grano quebrado
que las muchachas más pobres venden hierbas
en manojos marchitos atados con cordeles
y los hombres calzan zapatos puntiagudos
su risa es improbable y visten trajes negros.
También que hasta hace poco allí hubo un tigre
un devorador de hombres que vivía entre cultivos.
Entre las cosas que te hice llegar, todavía

habrá una fotografía mía en la que sonrío
bajo las listas del felino en un mosaico de azulejos
curvado en su dorsal de negro y amarillo
abriendo sus fauces al fondo de la imagen.

32°38'5,99"N / 51°39'20,81"E

En ella la vista se detiene. Acerca
despacio la llama. Es ese
su perfil de temple, icono
boca de aceite, encendida candela
en el barrio armenio de Isfahán
con su piedad repite el gesto
de las muchachas de mi arrabal
gitanas de jóvenes nupcias
donde los solos quedan en casa.
Con los sueños descartados
no recuerdas credo alguno
pero clamas en rezo de silencio
por la resurrección de los muertos.

26°1'21,92"S / 28°1'13,98"E

Otra latitud se habita y así
la oscuridad desajusta noches
en este extrarradio de intercambios
esta tierra no tiene surcos
no podría emprenderse camino alguno
porque es nueva y sin imperios.
Se encienden las luces afuera
y con ellas llegan las muchachas pobres
que venden su posesión única.
No usan de las palabras de la profesional
son ellas mismas porque saben
que algunos hombres lo que buscan
es precisamente esa tristeza.

40º29'28,78"N / 3º35'27,77"O

De qué ahora se enciende
esa luz, de qué espectro onda
combustión de qué materia
apenas lumbre o candela
qué oxidación o sublimación
para qué plano ese itinerario
sin organizadas estaciones
qué señales de rugoso pavés
para el sentido que suple la falta
donde cruza al lado una familia
o una madre joven que carga
el nido de una niña dormida
qué megafonía sin respuesta
carteles con hermosas en paisajes
sin instrucciones de llegada
juegos de puentes y dados
(vital la salida de emergencia)
y ante tanta exposición desear
el comienzo con memoria cero
provisto de bagaje de altura
cada día en tenacidad espectadora.

SOBRE EL MAR BÁLTICO
(LOCALIZACIÓN IMPRECISA)

Desde abajo tan solo son dos líneas blancas
más estables si no hay corrientes en altura
cola para la plateada cabeza de la aguja
un traje a medida para los cielos limpios
distracción ya solo para los más pequeños
alimentados por los juegos de sus madres
del vuelo simulado de la cuchara hasta la boca
en un parque cualquiera de Berlín o de Varsovia
y mientras se componen posesiones de cabina
se pide vino o se comprueba el pasaporte
se espera que al llegar al menos una sola
entre todas las cosas sea punto de partida
tierra firme sobre la que construir de nuevo
pólder recién drenado abierto al mar del Norte
primera pieza de un puzle, ángulo en azul
hallado por determinación entre el desorden
a partir del cual reconstruir la imagen plena
uniendo las partes hasta trazar las avenidas
las que conducen hasta las cosas más básicas
todas aquellas que nos sostenían en el aire.

SOBRE LA PENÍNSULA IBÉRICA
(LOCALIZACIÓN IMPRECISA)

En el descenso rápido hacia esa azul esfera
de la que solo ves el arco lineal del horizonte
planeta satélite del sol desde el que llegas
perdido el miedo al viento que genera la caída
(pues el aire en realidad está quieto y es seguro
que más abajo los sauces dispersan sus semillas)
los segundos desde el salto serán toda la vida
más definida en su filmación de secuencias
que cuando fue real y atendida con conciencia
y si acordando con la estación que rige la órbita
pudiera elegir el lugar tras cruzar la estratosfera
con las defensas de alta tecnología protegiendo
el habitáculo cerámico que alberga el cuerpo
quisiera que mi destino final fuera tierra labrada
posarme en las arcillas de un campo limpio
ave peregrina vertical hacia sus suelos rojos
un lugar que alguna vez hubiera aceptado mi mirada
de joven hacia el futuro acompañado de la mano
de aquella muchacha que nunca desveló su nombre.

65º38'0,24"N / 14º16'46,51"O

La cabaña Húsey es la piedra de prueba
esa soledad de prados sin puerto en el verano
y un invierno en el que debe habitarse uno mismo
sabiendo que el hielo y la nieve nos cancelan.
Las aves marinas expulsan a los extraños
con un giro en el último instante antes del impacto.
Estamos en juego, nosotros somos la apuesta.
La vértebra de la jorobada recuperada en la playa
nos desborda, es de blanca solidez mineral
la prueba de que el núcleo de la vida es duro
permanente, nos aborda, interroga sobre cuánto
hasta dónde, más allá de qué, perduraremos.

28º5'48,23"N / 17º20'49,07"O

Un rincón de arenales los acoge
o acaso ya nunca más y son tan solo
el negativo sobreexpuesto de la luz
la impronta que queda en el nervio óptico
tras mantener la mirada contra el sol
ellos dos compartidos por ese aire
en otro universo deben perdurar
y quizá allí aún existan el uno para el otro
presentes cada vez que se recuerdan
y quizá si simultáneos coincidieran
y recrearan separados ese instante
podrían retomarse y ser los mismos
recobrar en el presente lo que fueron
satélites gemelos de un planeta menor
y podrían alargar su mano hasta tocarse.

41º18'3,01"N / 7º44'35,85"O

Cerradas de ladrillo o jardines de hortensias
estas líneas en pie de sierra fueron nuestras
y nuestra la vedada fuente del paraíso
bosques antiguos para nuestra búsqueda
su fauna un jardín de fieras mansas sin instinto
Eva y varón nombrando los tres reinos.
La exploración de un restaurante donde parar
las placas de bronce de doctores y de artistas.
Los exvotos de cera en una iglesia barroca
que pasamos deprisa para mejor mirar las calles.

37°3'25,54"N / 15°17'34,45"E

Mármol. En esta devolución
regreso de afán laboratorio
es expolio. Los fragmentos cortantes
de las copas con versos yámbicos
han desgastado para siempre su alfabeto.
El bronce con el verde de las algas
y las esponjas a pulmón libre
esperan en el taller que ya cierra
en compañía de los héroes de hojalata
(el artesano elige a los más pobres
a aquellos lastimados por el amor).
En el reducto menor de la colonia
la fuente sagrada de Aretusa
vierte sus aguas dulces en el mar.

44º26'41,87"N / 1º25'51,15"E

El Lot cerca la ciudad y sus bóvedas
pero la vista aprecia otros horizontes
campos para caballería de húsares
largas líneas para la fuerza de sangre del arado
perezoso para la vuelta del timón
tan distintas a los vales entre montes
que reservan una última humedad para el trigo.
El dado al volcarse permite seguir
cada tirada salva la fosa, el paso próximo
pero no es el final porque no acaba
y el hada no siempre es bondadosa.
Si le preguntaras ahora no sabría decirte
cuándo la bailarina abandona la sonrisa
con la que se ha adornado para el salto.
Tampoco el momento exacto en que las playas
fueron borradas por la trasgresión
que con su cifra de inimaginables miles
acabó gradual con las masas de los hielos.

55º46'33,09"N / 37º35'11,87"E

En el registro de la estación meteorológica
en la horizontal de las hojas de las hayas
empapa el gramaje de papel de la acuarela
pero no es tiempo de abril sino invierno
un cambio perceptible en los sonidos de la calle
cuando hay kilómetros de hoteles entre ambos
inalámbricos de intercambios de palabras
que en la compañía de otra te hago llegar
en una pausa que he encontrado entre mis faltas
unas pocas frases a las que solo les faltaba tanta lluvia
mientras te imagino alegre y ocupada con tus cosas.

36º48'0,3"N / 10º10'48"O

Entonces ella tuvo que elegir en el desamor
cumplir, porque tras prometer un regreso
está con él en deuda, así que ha recorrido todos
los artesanos que curten y recortan el cuero.
Quisiera algo que se recuerde y permanezca
y consuele y sirva a la vez para andar caminos
beber en tabernas, tocar en sótanos del Village
para ese último envío que llegará sin una nota
y quiere que fragantes huelan al abrir la caja
al apartar el papel de seda que las envuelve
y sean suaves y envejezcan como el *brandy*.
Pero esa no eres tú, que careces de esa culpa
o la confundes por tu facilidad para las lágrimas
aunque el sufrimiento no hace de ti la víctima
y en eso llevas a error al que te escucha y ama
así que hay que prestar atención, no equivocarse
porque es la vida del otro la que se ha puesto en juego
y tú eres la convincente reina de otra canción
la emperatriz sombría que cela de sí misma su belleza.

Así que por eso, yo mismo he encargado para mí
unas sandalias de tiras suaves como piel de perro.

34º35'45,68"S / 58º23'38,82"O

En un libro de fotografías de Rio Branco

De oro y dolor dos cicatrices
líneas de Euclides de simetría
en verde barato de favelas
suave reborde para la palma
como borde engrosado de dolor
pasado, herida cerrada de trazo
grueso, relieve del humano daño
que un amor de verdad y cierto
vela en la noche y cuida y repara.

III
AZIMUT DESDE EL NORTE VERDADERO

Pulsa tu pie en la huella, planta desnuda
sobre la lava cordada, colada que asciende
desde la bóveda rocosa donde los muertos
habitan un hambre que la comida no sacia.
Este horizonte que ves será ya para siempre
el de los musgos del bosque al nivel de los ojos
cámara trampa la cabeza separada del tronco
para la fauna que reconoce lo inerte y se detiene.
Pero la boca conserva todavía el don del habla
así que puede impartirse la última lección
conversar sobre climas y mercados al alza
en el tiempo en que se tardan las luces y el socorro
aquel del plazo del atestado en la autopista
el cuerpo decapitado oculto a la vista
por mantas térmicas que retienen su último calor.
Como tú me reconozco preciso, fuente roja
distingo el corte de la cuerda de la lira
el tacto de la plata de la bandeja que me expone
en el lugar en el que mi cuello recibió los labios
reprocho la pérdida de la amada infernal
y hablo a todo aquel que se interesa y pregunta
acerca de todo lo que corta y hiere.

En el espacio abierto en el campo
abismo de trazadas de compás
roto el sustrato por disolución
del yeso, al borde, con las manos
como posesión toda y único recurso
si al mirar, quiero decir, fijarte
te muestra lo que un día fue agua
reflejo de juncos y rosales silvestres
quizá deberías atender a tu memoria
y recordar que eras tú quien desbordaba.

Quede del cuerpo en tierra el liso hueso
y cúbrase a cambio de herrumbre la espada
tras abrazar la carne que vestida te seduce
y que los ojos elijan por la belleza inmediata
por la forma en que se gira la cabeza
o en que se juntan las rodillas o los dedos
ya que el alma inmortal es invisible
y que seguro después de todo algo queda.

Esta bóveda que nos encierra
no es más que un cielo encelado
dovelas pendientes y cernidas
el pórfido de la habitación imperial
que se arranca en el alumbramiento
que en la crispación se muerde
cárcel de púrpura del camino de la guerra
el triente extraviado entre cenizas.
Esta torre oscura nos contiene
en sus juntas labradas al milímetro
no cabe ni la hoja de un cuchillo
y a pesar de todo, a contraluz
ella se desnuda sabiendo que la miras.

Vivimos como si ya viviéramos los días por delante
con cada una de las piezas que nos componen y articulan
diciéndonos palabras que justo deberían batirse en retirada.
Así cada día, como si tú no fueras el tirano que se impone
y yo el simple que cree en la magia del hierro y de las conchas
que un día al ser lanzadas traerán por fin buenas noticias.

Una tierra a entregar devuelta al horizonte
espacio de conquista para las semillas que llegan
el deseo en el nivel edáfico de los insectos
los zarcillos de las vides en el espacio borrado de los surcos
cargados de bayas pequeñas y ácidas, inservibles
que no liberarán azúcar al ser rotas en la boca.
Al fin una arcilla sin siembra y al fin liberada
tan solo selva para empezar de nuevo sin arados
puesto que el amor abandonó este mundo de dominios
queda al menos el sonido de la siringa de cañas
en el bosque vedado de la tierra en que habitarse.

Es este oficio aquello que debería conformarte
la artesanía de la hoja forjada en pliegues
el hojaldre del hierro y el carbono en el horno.
Al tiempo que modelas el filo de corte
tú también te preparas para su brillo a la luz
todos los días espaciados son necesarios
y los golpes, cada uno sucesión de reloj prehumano.
Pero pese a todo se aguarda a veces, el oído atento
en cada pausa del yunque por si alguien llama.
A las puertas, el puño en la madera suena distinto
hasta la fábrica pararía a todos sus obreros.
Pero no, afuera no hay nadie, así que vuelves
reanudas, toda el agua girando a chorro en las palas
atento a la vista en cada golpe. Cada día la misma sed.

Con esfuerzo, traerse de vuelta
alumbrarse hacia el sol o la lámpara
Pentecostés o epifanía de sombras
como esqueleto torpemente decapitado
que la linterna mágica hace aparecer
como vela hinchada, cuerpo estirado
a las dos por la puerta del jardín
hacia el cuarto azul de invitados
con el silencio de los zapatos en la mano.

Para ese día se había alcanzado a sí mismo
punto final garantizado para el cuaderno propio
para el que ya no se imaginan más caligrafías
como el arco de calidad que el maestro arquero
tras la práctica devuelve a su lugar de reposo
hasta que un día igual a cualquier otro se revela
innecesario instrumento para herir el blanco.

IV
PARALELO 41, CUADRANTE

Quizá solo víscera, pero, aun así
no desfallece en su automatismo
acaso, mirándolo profundo se hallasen
las huellas de ventosa del architeuthis
las marcas del corte de las sirgas
la cicatriz triangular del arpón
el fervor de Ahab en la piel del cetáceo.

A veces no es que esté solo y lejos
en tránsito en un país que no conoces
su recitado en otro idioma o alfabeto
esperando quizá qué bagajes o cafés
en hora cambiada de otra madrugada
ni es que a veces caiga en el olvido
del día exacto de esa nuestra despedida
ni de nuestro día inicial o aniversario.
No, no es nunca (otra promesa falsa)
que haya una pieza maestra, un estrato
un barco de luces en el puerto y *dry martini*.
No, no es nunca, nunca, ni siquiera casi
que me ocupe de otra mensajería
pues cada instante te cuento como perro
devoto del pastor y de los prados.
Es tan solo que saldo en plazos cuentas
repaso recuerdos y mi impunidad pasada
que apartado entre los muros que me encierran
dejo pasar el día entero hasta el crepúsculo
y trazo con la punta seca de un hierro
la barra diagonal que suma siete.

Adelante sigue y sin regreso previsto
la aguja advierte de la línea roja.
Se desvió para explorar una isla o arrecife
detallar la cartografía de una estela
quizá una escritura en la lengua del océano.
¿Cómo buscarse, hallarse, en ese mapa
girado en relación a la línea de costa?
¿Qué podría en el viaje apresar la vista
que importe más que el reducido número
de aquellos con los que compartimos
la vigilia y las raciones de campaña?
Las órdenes han dejado de ser obedecidas
si bien navegamos con determinación
como monjes hacia tierra de evangelio.

Formarlo exigió excavar la tierra
conseguir el porcentaje de la mena
para armar un casco de bordes afilados
el mejor para acogerse será naufragio
o lo romperán en pedazos en su fin
al principio obra inmensa inabordable
pero como ante el escuadrón de la muerte
que ataca el cadáver hasta los huesos
devorada despacio en dique seco
esta obra férrea sigue buscando los polos
ordenándose igual que las limaduras
dibujan una máscara de Rorscharch
con los tiempos de serviola regulados
amortigua la conciencia y el deseo
y al cabo en ella gobierna el fogonero
Caronte al cargo de la sala de máquinas.

Puede contarse, describirse el viaje
conseguirse gratis un vaso de vino
y la historia cambia cada vez, recreada
si el que escucha es habitual de la taberna.
Al que todo lo ha visto qué le importa
que la pregunta llegue con el gesto cómplice
del bebedor que provoca guiñando el ojo
ahora veréis algo bueno, los delirios
de este que dice que ha estado lejos
que describe arenas y cortes imperiales
en las que levantar la vista era la muerte
y cada ala del palacio era de un color
tan estricto que hasta los pájaros
tenían el lugar del tono de sus plumas
porque eso no es lo importante, sino el mapa
en el que el negro y el rojo se trazaron
flechas limpias, líneas que en sus cruces
dibujan descompensadas estrellas
y los bordes de ese mar donde la nave cae
desde la piel de cordero que lo acoge y el día
en que cerró tras de sí las puertas de la casa.

En el equipaje debe haber quedado la llave
quizá en algún sitio estarán nuestras cosas
entre todo ese bagaje de cabina, objetos
que cruzaron junto a nosotros los arcos
la guía de viaje con las páginas dobladas
de aquellos sitios a los que prometimos
seguros al partir que un día regresaríamos
Angélica y Carlomagno, heroicas marionetas
los dos vistiendo nuestros trajes de gala
como en una noche de trasbordos trasatlánticos
acechando por juego al barman con obstáculos
igual que Zelda y Scott en uno de sus viajes.

En calles de enclaustrado pensamiento
con barra de candado, cerrada, circular
la memoria repasa cada melladura
la parte del amor que ni abraza ni desgarra
dedicada con fiereza a cada paso, el universal
de llevarse a la boca el dedo que sangra
aislado entre la casi desnudez de los cuerpos
tacto que es vetado, reflexión y comprensión
que el cuadrado de un jardín cercado
rompe con la concentración de las mimosas.

Esto es lo tan contable, el cielo
con su línea de guiones y puntos
cortar por aquí para el traje
el arco preciso de la esteatita
todo menos este desvalimiento
de vagón del metro ante los otros
habitar una casa en fiesta de *cocktails*
con un mueble bar bien provisto
ir de una habitación a otra
con la sonrisa de la copa en la mano
libres las estancias de silencio
encender un cigarrillo sin culpa
el cuerpo de ella en hombros desnudados
buscando solo un instante tus ojos
coqueteando para ti entre las visitas
atentos ambos a que no escasee el hielo.

Los pasillos se han encendido en el entreacto
y se emprenden conversaciones efímeras
saludos someros y delicadas miradas dulces
que se buscan quizá clandestinas de promesas.
Más humanos en nuestras galas de fiesta
nos hemos despedido con buenos deseos
sinceros en nuestra aspiración a la fidelidad
pero luego el argumento muda incomprensible
y los actores equivocan sus sitios y palabras
se miran deseando abrazarse o besarse de veras
hasta que no tengan que fingir las lágrimas.

Se han gastado las hierbas y su tiempo
incluso el interminable menos acotado
el que es veta sin cesación, tiene fecha
caduca en las repeticiones sin preaviso
una vez que será la última en entregarse
sin un hasta ahora, tómalo como último
porque ya nunca más la vid enredada
del cuerpo propio en el jazmín ofrecido
priva de la despedida y la conciencia
y así es mejor para el que tanto se esfuerza
porque el conocimiento de que ese patio
compartido mañana mismo iniciará
el crecimiento de la maleza contra la poda
haría imposible la distracción de la comida
la intrascendencia de los pasos sin orden
ofrecer al amor un plan para más tarde
posar la mano en el tronco liso del laurel
y decidir qué hacer con el jardín en el agosto
en que nos despedimos para unos pocos días
y partimos a destinos provisionalmente distintos.

Ahora no es apenas una penumbra
ni siquiera una veladura de capas
que limita para apreciar en las afueras
la luz que otros cuerpos desprenden.
Es más bien un contraste de líneas duras
un claroscuro de pintor barroco
tinieblas desde el vaso en la mano
el filamento ardiente, la luz selecta
que destaca pómulos o asombro
al tiempo que ennegrece las cuencas
todo ello zarza áspera que rebrota
feroz en el margen de los cerezos
apenas madera, inadecuada para la talla
sin fuste que cuente años en anillos
maraña en la que una mano sin herirse
atendiera a los frutos entre espinas
porque carente de paciencia para la poda
el jardinero ha tolerado también esta especie.

Es un campo del este. No ha sido descrito
aunque podría adornarse si la tierra negra
compacta y orgánica, pegajosa al arado
sirviera para recordar los días de la infancia.
Su valor es el del metal devaluado
que se atesora esperando un tiempo de orden
el que ha gobernado hasta ahora, el que fue.
Todo eso está perdido pero aún persiste
ha quedado más adherido al recuerdo que a la reja
pero es imposible que la nieve de Nochebuena
sea la misma, aunque igual caiga ahora. Todos los gallos
han perdido su veleta de hierro forjado.
Cubre igual la ciudad e idéntica es su composición
el libro de ciencias bien describe los cristales
y posiblemente un porcentaje al menos débil
esté presente en este meteoro de dos mil veintitrés.
Explorada al tacto, esa tierra no ha cambiado
es solo que el hombre que se detuvo a apreciarla
ha mudado el alma que antes lo habitaba.

Quizá sea que este desierto que nos ha alcanzado
fuera formado como marco para lo que vive más libre
los animales salvajes que miramos en su medio
son más sabios con su paciencia de impulsos sencillos. Quizá
su código sea mejor que el que los humanos armamos
sofisma sin valor la convicción del horizonte curvo.
En esta lejanía debemos haber muerto entre nosotros
y unos a otros no ofrecemos más que una espalda vuelta.
Si no hay otra cosa que las hierbas que refugian los carnívoros
y al pie de la letra nos han contado ya todos los cuentos
quizá deberíamos renunciar a la lectura de los textos sagrados
y mutilar la última falange del índice que resigue cada línea.

La vista, arma diseñada para el salto
juzga primero entre todos los sentidos
aprecia la superficie del hielo
del agua también y de la piel ante todo.
Esta predisposición marca el trayecto
traza caminos entre hemisferios
eleva y alza al corazón unánime
anda más allá, más lejos. El vuelo
es atrevido solo por expectativa.
La composición que resulta
el premio es solo cuadro pintado
pericia del artista que quizá
en su convencimiento íntimo sabe
que su gracia se limita a la mano que traza.
El riesgo que asumes puede medirse
es el mismo que el de la extática presa
ante el bello color de la replegada coral.

Quizá unos pocos o tan solo uno y único
hayan aceptado su fin y lo reciban con asombro.
El final propio, pese a todo, censa indescifrable.
Qué valor tiene de verdad el humano cuerpo
cuando se acaba, cuando su carne desmaya
cuando es pesada carga y a nadie ya interesa
es solo un tremor de llama que aún se prolonga
que el solitario proyecta en su propia bóveda
mientras incluso los que más lo aman atienden
los relojes y los pasos del cambio de turno.

Ese debe ser el momento justo para mirar afuera
extrañarse, preguntarse si acaso el paisaje no mejora
cuando lo domina el desvalimiento, el meteoro
la atmósfera de cuando la tierra no estaba separada.
Descubrir finalmente que el desescombro humano
también puede ser objeto de dominación indiferente.

Aparta de las formas cambiantes la mirada
la que expectante contempla la patinadora rusa
que convierte en cada giro opaco el hielo
mientras mantiene la vista fijada al horizonte
perdida más allá, lejos de las luces y del público
sola para sí porque en trance no se concede
en modo alguno la caída y se sostiene suspendida
porque es necesario volcar la atención completa
en apreciar la primera ruptura del agua hirviente
en el tránsito desde su reposo que son segundos
y no tentar al tacto de los dedos la carta de amor
que en las cenizas aún conserva su forma entera
porque su tinta en el papel carbonizado y curvo
permite todavía que sean leídas sus palabras
ya que nada te será dado tras ese mismo instante
y es que es preciso ser vigilante porque enseguida
todo lo que nos llega como el rayo tan repentino
impone siempre su ley final de viento y sueños.

Ninguna petición te será denegada
pues el tiempo que abre y explora
ha quedado desbordado y ya rebasa.
Queda una nueva inocencia en forma nueva
el equipaje ligero del viajante
que cambia mercancías conocidas
por aquellas que aportará a su tierra
retirando una sola entre todas
de aquellas que presentará para la venta.
Es la onda que parte desde corte o quemadura
para alcanzar la garganta y exhalarse
aquello que nos previene del daño
aunque la red nerviosa que nos cuida
no protege el blanco de la bala o de la flecha
el corazón encelado en su jaula
arbotante de huesos y cartílagos
lugar ilusorio que embarga el alma
el espacio íntimo desde el que oramos
por una mano que busque el costado
se pose, permanezca y acalle sus latidos.

(Para A.)

No respondas no lo sé, qué pregunta
esta claridad, la tiniebla, veladura
del desamparo, pero también esa calidez
que a veces llega como días de tregua
todo lo que suma en la línea final
hoja de cálculo de las cosas esenciales
y así tu pregunta, qué quieres de réplica
qué puedo decir, solo puedo explicarte
que alguien ha vuelto a habitar al lado
ha batido el suelo y reutilizado puertas
con la costumbre del que acampa al aire libre
y no da importancia a la fealdad del plástico
a ver si con un ejemplo lo entiendes así.

Entre la gama del espectro, entre sus extremos invisibles
sería el momento acaso en este verano de dos mil veintitrés
de abordar una nueva analítica, una mirada después del parpadeo
la segunda opinión del facultativo, en el mundo de dones
devolver los regalos uno a uno a cada persona querida que los dio
pero aun siendo agradecido, insistir cortésmente, con la devoción
de que los objetos vuelvan a su sitio, ya que han sido usados
vestidos y guardados, ocupando un espacio que es mejor
y más preciado libre, solo y desnudo, conseguir con cuidado
restablecer un orden primordial y exacto, apreciar los huecos
de la precisión del aire, átomos de oxígeno y nitrógeno
en los que se intercala dominante el olor del azahar indetectable
ahora en un jardín que ya nadie comparte pero que impone
salir al exterior para mirar, adolescente con tiempo que gastar
al que se le enseña el secreto de las cosas y que aprende
de repente el tibio dolor del amor no correspondido cuando
reconoce el contrario tan inconfundible entre las parejas que pasan
después de tanto combate por mantener en el aire el juego
de esferas iguales del malabarista, acoger la alegría no prevista
del que se rinde y sabe que en el campo de tiendas del refugiado
cercado y vigilado por guardias que se perdonan el oficio

se está más dispuesto para apreciar el sol y el sabor del agua.

Y acaso luego haya una nueva casa a la que llamemos nuestra.

V
WAYPOINT

Cohen interpreta para sus fans un vals vienés
aunque en realidad quizá recuerda
—porque nunca pudo olvidarlo del todo—
el vello rubio casi invisible de Marianne
la sorpresa de los intercambios en Hydra.
Cohen canta y tú solo en tu viaje de vuelta
—mil ochenta precisos metros de altitud
registra el cartel que ahora rebasas—
lo acompañas por estos espacios de frontera
gasolineras, paradas en el vacío interior
y un burdel pintado de un intenso azul
con una muchacha migrante a la puerta
indescifrable en los motivos de su final.
Cohen —anticuado bañador negro—
apenas pisa indeciso la lámina del agua
añora sus cigarrillos y los trajes que siempre viste.
Se ve en la fotografía —es en blanco y negro—
que no consigue disimular su extrañeza
no se sabe bien si por Marianne, por el destino
o por su atuendo del todo inadecuado
seguramente un empeño del fotógrafo.
Así que no hay que poner demasiada confianza

en las promesas que luego desengañan
y cuando la obra se haya completado
es seguro que habrá que detenerse
más o menos en cualquiera de esos besos tan profundos
con la luz azul de los peces que cazan en el fondo
y tomar conciencia de este aferrarse
a las encrucijadas con finales felices.
Con todas las estadísticas en contra
cuida de tu atención en el próximo cruce.

NAVEGACIÓN

32°38'12,59"N / 51°41'0,55"E	Puente Khaju, Isfahán, Irán
28°56'57,19"N / 13°35'40,69"O	Playa de Guacimeta, San Bartolomé, Lanzarote, España
41°8'1,36"N / 5°35'40,50"O	Desembocadura del Jalón, Torres de Berrellén, España
41°8'1,36"N / 5°35'40,50"O	Ermita de Espino Arcillo, Tardáguila, España
42°27'10,47"N / 2°51'50,79"O	Laguna de Valpierre, Hervías, España
42°38'4,46"N / 0°37'27,21"O	Ibón de Cregüeña, Benasque, España
37°16'47,16"N / 67°11'9,20"E	Ruinas del monasterio budista de Kará Tepé, Termez, Uzbekistán
37°16'16,01"N / 67°10'59,03"E	Ruinas de la fortaleza de Tchinguiz Tepé, Termez, Uzbekistán
37°16'16,01"N / 67°10'59,03"E	Ruinas de la fortaleza de Tchinguiz Tepé, Termez, Uzbekistán
39°39'17,07"N / 66°58'31,22"E	Registán, Samarcanda, Uzbekistán
32°38'5,99"N / 51°39'20,81"E	Iglesia de San Salvador, barrio armenio de Isfahán, Irán
26°1'21,92"S / 28°1'13,98"E	Afueras del aeropuerto de Johannesburgo, Sudáfrica
40°29'28,78"N / 3°35'27,77"O	Aeropuerto de Madrid-Barajas, España
65°38'0,24"N / 14°16'46,51"O	Granja Húsey, Islandia

28º5'48,23"N / 17º20'49,07"O	Playa del Inglés, Valle del Gran Rey, La Gomera, España
41º18'3,01"N / 7º44'35,85"O	Vila Real, Portugal
37º3'25,54"N / 15º17'34,45"E	Fuente de Aretusa, Siracusa, Sicilia, Italia
44º26'41,87"N / 1º25'51,15"E	Afueras de Cahors, Francia
55º46'33,09"N / 37º35'11,87"E	Hotel Marriott Tverskaya, Moscú, Rusia
36º48'0,3"N / 10º10'48"O	Medina de Túnez, Túnez
34º35'45,68"S / 58º23'38,82"O	Librería Ateneo Grand Splendid, Barrio de Recoleta, Buenos Aires, Argentina

ÍNDICE

I. LLEGADA

II. LA ESFERA

V. *WAYPOINT*

NAVEGACIÓN

*Este libro
se terminó de imprimir
en los talleres del Servicio de Publicaciones
de la Universidad de Zaragoza
en abril de 2026*

TÍTULOS DE LA GRUTA DE LAS PALABRAS

1 Manuel M. Forega, *Cuerpo de la edad (1981-1985)* (1985).

2 Emilio Gastón Sanz, *Musas enloquecidas* (1987).

3 Julio Alejandro de Castro, *Singladura* (1988).

4 José Antonio Labordeta, *Diario de náufrago* (1988).

5 Javier Delgado, *El peso del humo. (Libro de Horas Profanas)* (1988).

6 Jose Antonio Rey del Corral, *Poemas del sentido* (1988).

7 Javier Barreiro, *Dientes en un cofre* (1988).

8 Manuel Estevan, *Diario del frío* (1988).

9 Manuel Vilas, *Osario de los tristes* (1988).

10 Alfredo Saldaña, *Fragmentos para una arquitectura de las ruinas* (1989).

11 Mariano Esquillor, *Elegías a Fuensanta* (1989).

12 Antonio Ansón Anadón, *Memoria del Limo* (1989).

13 Rosendo Tello Aína, *Las estancias del Sol* (1990).

14 Ángel Petisme, *Habitación salvaje* (1990).

15 Miguel Luesma Castán, *Crónicas del abismo (1988-1989)* (1990).

16 Ana María Navales, *Los espejos de la palabra. (Antología personal)* (1991).

17 Antonio Fernández Molina, *El cuello cercenado. Antología poética* (1991).

18 Fernando Ferreró, *Falacia* (1992).

19 Luis Moliner, *Bethel y Música* (1992).

20 Manuel M. Forega, *He roto el mar (1980-1990)* (1993).

21 Alberto Montaner Frutos, *Teatro de delicias* (1993).

22 Teresa Agustín, *Cartas para una mujer* (1993).

23 Fernando Sanmartín, *Manual de supervivencia. (Consejos inútiles)* (1993).

24 Joaquín Carbonell Martí, *Laderas de ternero* (1994).

25 Enrique Gutiérrez, *Un país sin nadie* (1994).

26 Rolando Mix Toro, *El espejo y tú* (1994).